Georges Ulysse

ORIZZONTI

italiani 1

Illustrateurs
Marie-Hélène Carlier
Frantz Rey

NATHAN

Conception de la couverture : Lexis Numérique.
Conception maquette intérieure et photocomposition : Point 12.
Photogravure : Euresys.
Cartographie : I.E.S.
Photo de couverture : Vigevano, la Piazza Ducale con un'opera di Arnaldo Pomodoro (photo Ricciarini/ Roberto Schezen).

PREFAZIONE

PRÉFACE

Destinée aux débutants des collèges et lycées, et conforme aux instructions ministérielles sur l'enseignement des langues vivantes, la méthode *Orizzonti italiani* permet, grâce à sa présentation agréable et utile, et à une progression grammaticale et lexicale raisonnable, de découvrir et d'assimiler les bases de l'italien contemporain.

Les dialogues servant de support aux unités de « niveau 1 » sont en nombre limité (douze) afin qu'on puisse les étudier dans l'année. Les dessins qui les accompagnent facilitent la compréhension, la mémorisation et l'expression libre. Les nombreuses photographies offrent un aperçu des paysages et de la réalité sociale de l'Italie de nos jours, certains aspects de sa culture et de son passé. Les pages consacrées à l'enrichissement du vocabulaire accordent une large place à une illustration qui constitue un instrument pédagogique moderne. Un soin particulier a été apporté à la sélection du lexique essentiel indiqué par les instructions officielles et recensé dans les études portant sur les usages les plus fréquents. Très tôt, de petits textes ou des documents incitent l'élève à sortir du cadre des dialogues de base.

Les questions *(domande)* et les fiches destinées à fournir des éléments particulièrement utiles à la communication *(per conversare)* partent des saynètes pour conduire à l'expression personnelle.

La grammaire est présentée sous une forme claire et aussi peu rébarbative que possible. Les questions les plus difficiles ne sont pas traitées en une seule fois : pour faciliter l'assimilation, les occasions d'erreurs les plus fréquentes sont revues dans plusieurs unités. Les nombreux exercices ont pour but de faire comprendre et assimiler les éléments primordiaux. La grammaire est reprise de façon systématique dans l'Aide-mémoire grammatical.

Les treize unités de « niveau 1 » sont suivies d'unités complémentaires dites de « niveau 2 » qui permettent d'aborder des textes et des documents plus difficiles.
Elles font de *Orizzonti italiani* une méthode souple, modulable en fonction des objectifs, des besoins et des moyens. Après quelques semaines, les « grands débutants » pourront alterner l'étude des dialogues de « niveau 1 » et des éléments du « niveau 2 ». Ce « niveau 2 » est également accessible aux élèves des collèges qui y trouveront matière à aiguiser leur curiosité et à tester les progrès accomplis.

REMERCIEMENTS

Je remercie les lecteurs de l'Université de Provence qui m'ont éclairé sur l'usage de l'italien courant, en constante évolution, et sur la réalité italienne de nos jours : Chiara BASSO, Maria Luisa VIANELLO, Mauro LUCCA, et tout particulièrement Claudio MILANESI dont les suggestions ont été précieuses.

Orizzonti Italiani a également bénéficié de l'aide apportée par les organismes, associations et entreprises qui ont fourni gracieusement des documents reproduits ou adaptés dans cet ouvrage : *La Settimana Enigmistica*, le Navire école *Amerigo Vespucci*, *L'Associazione paraplegici Lombardia* (Milan), *La Lega Nazionale per la Difesa del Cane (Bra)*, le *Touring Club Italiano*, les journaux et revues *Il Corriere della Sera, La Stampa, Altra Italia, Oggi* (et S. Agnelli), les guides *Moizzi*, l'Association *« Ancêtres italiens »* (M. Margarit), les entreprises *Benetton, Bulgari, Caffè Greco, Ducati-Cagiva, Fiat Auto, La Rinascente, Lavazza, Telecom,* les Syndicats d'initiative et associations touristiques du Haut Adige (Bolzano, ainsi que la Chambre de commerce), de Massa et Carrare, de Parme, de Val Senales (Alto Adige), de Vérone et de Turin.

GERMANIA
FRANCIA
SVIZZERA
AUSTRIA
SLOVENIA
CROAZIA
BOSNIA-ERZEGOVINA
M. Bianco 4810
Cervino 4478
Gran S. Bernardo 2473
ALPI CENTRALI
P. del Brennero 1375
Vetta d'Italia 2911
Ortles 3905
ALPI ORIENTALI
Bernina 4049
M. Rosa 4634
Adamello 3554
Marmolada 3343
DOLOMITI
P. S. Bernardo
Gran Paradiso 4061
Moncenisio 2083
Monviso 3841
ALPI OCCIDENTALI
L. Maggiore
L. di Como
L. di Garda
Ticino
Adda
Mincio
Adige
Brenta
Piave
Po
Golfo di Venezia
PIANURA PADANA
Valli di Comacchio
APPENNINO SETTENTRIONALE
Golfo di Genova
A. Apuane
Arno
MAR LIGURE
MARE ADRIATICO
L. Trasimeno
Elba
Tevere
Maremma
APPENNINO CENTRALE
Gran Sasso d'Italia 2912
La Maiella 2793
Gargano 1056
Tavoliere
Corsica
Agro Pontino
Garigliano
Volturno
APPENNINO MERIDIONALE
Golfo di Gaeta
Vesuvio 1277
LE MURGE
Penisola Salentina
Ischia
Golfo di Napoli
Capri
Golfo di Salerno
SISTEMA SARDO-CORSO
Gennargento 1834
MAR TIRRENO
Pollino 2248
Golfo di Taranto
Sila 1928
Stromboli
Isole Eolie (Lipari)
Aspromonte 1956
Le Madonie 1979
M. NEBRODI
EREI
Etna 3323
Stretto di Messina
Piana di Catania
P. di Gela
MAR MEDITERRANEO
TUNISIA
0 100 km

Brennero
Traforo del M. Bianco
Aosta
Varese
Como
Bolzano
Trento
Belluno
Tarvisio
Udine
Gorizia
Trieste
Bergamo
Milano
Brescia
Verona
Pordenone
Torino
Tortona
Asti
Piacenza
Mantova
Parma
Padova
Venezia
Ferrara
Porto Garibaldi
Savona
Genova
Bologna
Ravenna
Rimini
Ventimiglia
La Spezia
Pisa
Livorno
Firenze
Arezzo
Siena
Ancona
Perugia
Ascoli P.
L'Aquila
Pescara
Civitavecchia
Roma
Avezzano
Foggia
Benevento
Caserta
Bari
Napoli
Salerno
Potenza
Taranto
Brindisi
Lecce
Cosenza
Catanzaro
Palermo
Trapani
Messina
Reggio di Calabria
Enna
Caltanissetta
Catania
Siracusa

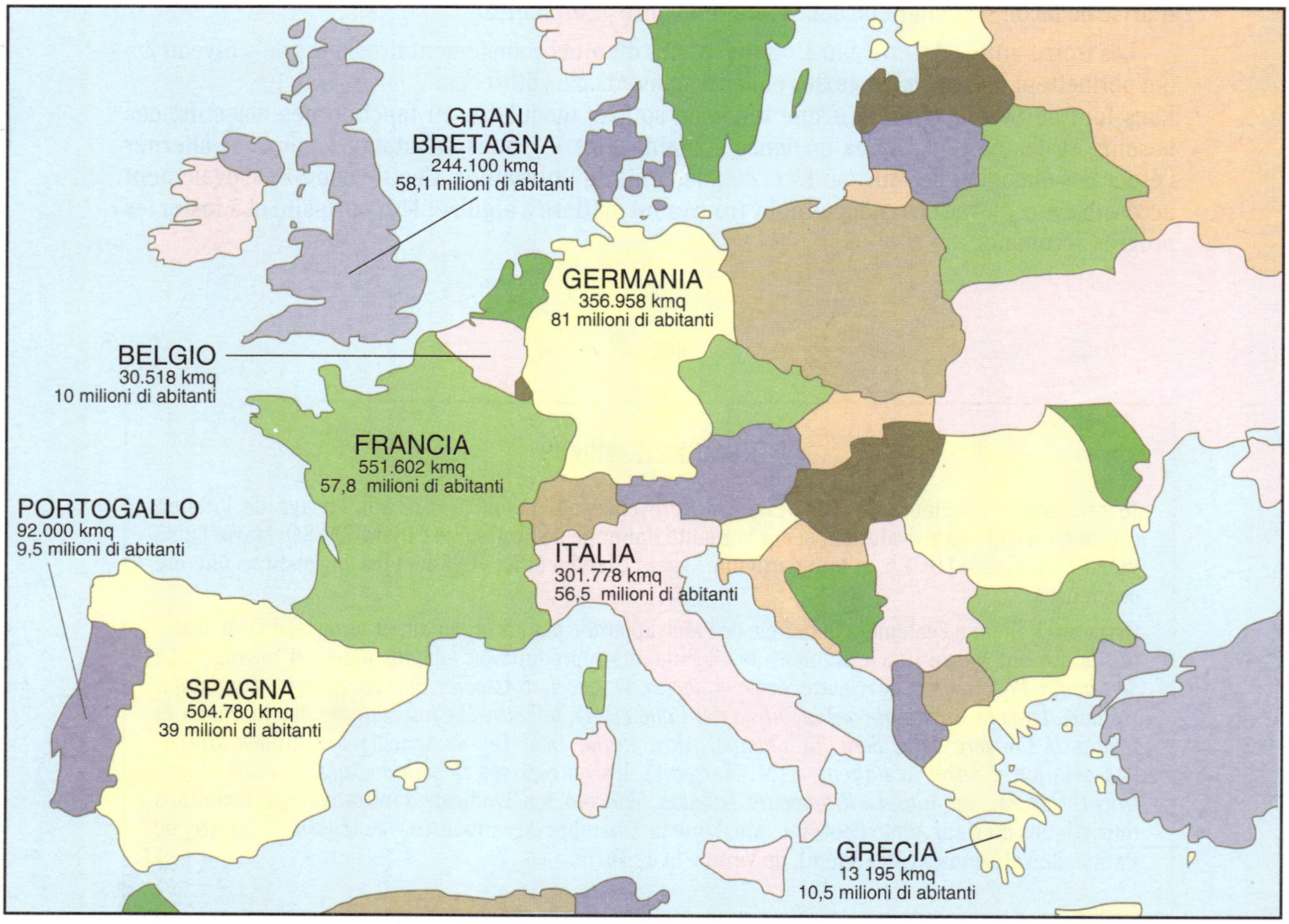

GRAN BRETAGNA
244.100 kmq
58,1 milioni di abitanti
GERMANIA
356.958 kmq
81 milioni di abitanti
BELGIO
30.518 kmq
10 milioni di abitanti
FRANCIA
551.602 kmq
57,8 milioni di abitanti
PORTOGALLO
92.000 kmq
9,5 milioni di abitanti
ITALIA
301.778 kmq
56,5 milioni di abitanti
SPAGNA
504.780 kmq
39 milioni di abitanti
GRECIA
13 195 kmq
10,5 milioni di abitanti

GERMANIA
AUSTRIA
UNGHERIA
SVIZZERA
FRANCIA
SLOVENIA
CROAZIA
BOSNIA-ERZEGOVINA
VALLE D'AOSTA
Aosta
PIEMONTE
Torino
LOMBARDIA
Milano
TRENTINO-ALTO ADIGE
Trento
Bolzano
VENETO
Venezia
FRIULI-VENEZIA GIULIA
Trieste
LIGURIA
Genova
EMILIA-ROMAGNA
Bologna
TOSCANA
Firenze
UMBRIA
Perugia
MARCHE
Ancona
LAZIO
ROMA
CITTÀ DEL VATICANO
SAN MARINO
ABRUZZO
L'Aquila
MOLISE
Campobasso
CAMPANIA
Napoli
PUGLIA
Bari
BASILICATA
Potenza
CALABRIA
Catanzaro
SICILIA
Palermo
SARDEGNA
Cagliari
Corsica
MAR LIGURE
MARE ADRIATICO
MAR TIRRENO
MARE IONIO
MAR MEDITERRANEO
ALGERIA
TUNISIA
Sondrio
Lago Maggiore
Lago di Como
Lago di Garda
Varese
Como
Bergamo
Novara
Monza
Brescia
Vercelli
Dora Riparia
Dora Baltea
Sestriere
Asti
Alessandria
Pavia
Cremona
Po
Piacenza
Mantova
Verona
Vicenza
Padova
Treviso
Piave
Adige
Rovigo
Belluno
Cortina d'Ampezzo
Udine
Pordenone
Gorizia
Ferrara
Parma
Reggio nell'Emilia
Modena
Ravenna
Forlì
Rimini
Riccione
Cuneo
Savona
Imperia
Ventimiglia
Rapallo
La Spezia
Carrara
Massa
Lucca
Pistoia
Pisa
Arno
Livorno
Siena
Arezzo
Grosseto
Isola d'Elba
Pesaro
Urbino
Recanati
Macerata
Ascoli Piceno
Tevere
Assisi
Orvieto
Teramo
Pescara
Viterbo
Ostia
Frosinone
Latina
Foggia
Benevento
Caserta
Avellino
Vesuvio
Pompei
Salerno
Ischia
Capri
Matera
Taranto
Brindisi
Lecce
Cosenza
Crotone
Isole Eolie (Lipari)
Messina
Reggio Calabria
Trapani
Selinunte
Enna
Etna
Taormina
Caltanissetta
Catania
Agrigento
Gela
Ragusa
Siracusa
Sassari
Olbia
Alghero
Nuoro
capoluogo di regione
capoluogo di provincia
0
100 km

UNITÀ 1

COUPÉ FIAT. BEN TORNATO COUPÉ!
FIAT

427

SUPERMONO
DESMOQUATTRO

Alitalia

LA PRONUNCIA LA PRONONCIATION

1 L'alfabeto L'ALPHABET

Le lettere LES LETTRES

A	B	C	D	E	F	G
a	*bi*	*tchi*	*di*	*é*	*èffé*	*dji*
H	**I**	**J**	**K**	**L**	**M**	**N**
acca	*i*	*i lunga*	*cappa*	*èllé*	*èmmé*	*ènné*
O	**P**	**Q**	**R**	**S**	**T**	**U**
o	*pi*	*cou*	*èrré*	*èssé*	*ti*	*ou*
V	**W**		**X**	**Y**		**Z**
vi/vou	*doppia vi/vou*		*iksé*	*i greca/ipsilon*		*zèta*

Il Canal Grande di Venezia ha la forma di una S rovesciata.

Mi chiamo **Georges ULYSSE**.
(dji - é - o - èrré - dji - é - èssé / ou - èllé - ipsilon - èssé - èssé - é)

Georges è il mio nome, **ULYSSE** il mio cognome.
Y è una lettera rarissima in italiano.

Il titolo di questo libro è **ORIZZONTI ITALIANI**.
(o - èrré - i - zèta - zèta - o - ènné - ti - i / i - ti - a - èllé - i - a - ènné - i)

L'editore di questo libro è la Casa editrice Armand **COLIN** di Parigi.
(tchi - o - èllé - i - ènné)

CHIAMARSI (s'appeler)
(kiamarsi)

«Come ti chiami?»	«Mi chiamo...»
«Come si chiama questo *(couesto)* professore (questa professoressa)?»	«Si chiama...»
«Come si chiama questo studente *(stoudènte)* (questa studentessa)?»	«Si chiama...»
«Come vi chiamate?»	«Ci *(tchi)* chiamiamo... e...»
«Come si chiamano questi professori (queste professoresse)?»	«Si chiamano...»
«Come si chiamano questi studenti (queste studentesse)?»	«Si chiamano...»

Exercice

Come ti chiami? Come si chiama il professore d'italiano? Come si chiama il professore d'inglese? Come si chiama il professore di francese? Come si chiama questa scuola? Come si chiama questo libro?

Quand vous téléphonerez en Italie pour réserver une chambre d'hôtel ou obtenir des renseignements, il se pourrait que votre correspondant vous demande d'épeler (compitare) votre nom afin de l'écrire correctement. Préparez-vous à répondre à cette demande.

1 Compitate il vostro nome (p. 13) e il vostro cognome.
Mi chiamo...

2 Compitate il nome della vostra scuola.
La mia scuola [il mio liceo (litchéo)] si chiama...

3 Compitate il nome della città dove abitate (esempio: **Aix**: *a - i - iksé*).
Abito a...

4 Compitate il nome della via dove abitate (se è il nome di una persona. Esempio: **Foch**: *èffé - o - tchi - acca*).
Abito in via...

2 I suoni LES SONS

La prononciation italienne n'est pas très difficile, mais certains groupes de lettres ne se prononcent pas comme en français.

● Le vocali LES VOYELLES

1 « U » se prononce « ou ».

« E » se prononce « é » (fermé, comme dans *été*) ou « è » (ouvert, comme dans *hiver*).

« O » se prononce « o » (fermé, comme dans *le dos*) ou « o » (ouvert, comme dans *il dort*).

Tuffati nei saldi: *plonge dans les soldes.*

2 Voyelles suivies de « m » ou « n ».

Les groupes « am, an, em, en, im, in, om, on, um, un » ne sont jamais nasalisés en italien :

am:	il ***cam***pione	im:	l'***im***pressione	um:	***Um***berto
an:	l'***an***no	in:	l'***In***dia	un:	l***un***go
em:	l'es***em***pio	om:	la b***om***ba		
en:	c***en***to	on:	il p***on***te		

Lisez les mots suivants :

il muro	grande	importante	la consonante
duro	settembre	l'inconveniente	biondo
il nome	novembre	recente	la montagna
il cognome	il tempo	il comportamento	il fungo (champignon)
il campionato	il vento	il calendario	il riassunto (résumé)

3 Groupes de voyelles.

En italien, toutes les voyelles se prononcent : il paese *(pa - é - sé)*, il suono *(sou - o - no).*

Attention aux groupes « ai, au, eu, oi, ue, ui » qui ne se prononcent pas comme en français :

ai:	m***ai*** (jamais) *(ma-i)*	il m***ais*** (maïs)	au:	l'***au***to *(a-ou-to)*	la p***au***ra (peur) *(pa-ou-ra)*
eu:	l'***Eu***ropa *(e-ou-ropa)*	n***eu***tro *(ne-ou-tro)*			
oi:	noi (nous) *(no-i)*		ui:	l***ui*** *(l-ou-i)*	qui (ici) *(kou-i)*

Certains mots peuvent comporter plus de deux voyelles :

il c***uoio*** (cuir) *(kou-o-i-o)* l'***aiuo***la (plate-bande) *(a-i-ou-o-la)*

Lisez les mots suivants :

sai (tu sais)	il bue (bœuf)	gratuito	la noia (ennui)
vai (tu vas)	i buoi (bœufs)	il tabaccaio	noioso
europeo (européen)	i suoi (ses)	il suolo	Claudia
poi (puis)	i tuoi (tes)	applaudire	Luisa

Le consonanti LES CONSONNES

C

ca:	la ***ca***pitale	ce *(tché)*:	il li***ce***o	che *(ké)*:	i mac***che***roni
co:	il ***co***rso d'italiano	ci *(tchi)*:	la bi***ci***cletta	chi *(ki)*:	la ***chi***tarra
cu:	la ***cu***ltura	cia:	la cam**i*****cia*** (chemise)	chia:	la ***chia***ve (clé)
		cio:	il ***cio***ccolato	chio:	il ***chio***do (clou)
		ciu:	il cauc***ciù***	chiu:	***chiu***so (fermé)

Lisez les mots suivants :

la biblioteca	il Marocco	la farmacia	la Francia
la cocacola	il marocchino	il farmacista	il francese
la bistecca	la precisione	pronunciare	cento
bianco	preciso	la pronuncia	ciao
la Grecia	la Turchia	il pacchetto	ricco
il greco	il turco	l'etichetta	la ricchezza
i greci	i turchi	la forchetta	il cucchiaio (cuiller)

Lisez le présent de l'indicatif du verbe « dire ».
dico, dici, dice, diciamo, dite, dicono

SC

sca:	lo ***sca***rabeo	sce *(ché)*:	la ***sce***na	sche *(ské)*:	lo ***sche***ma
sco:	***sco***prire (découvrir)	sci *(chi)*:	lo ***sci***	schi *(ski)*:	i tede***schi*** (allemands)
scu:	lo ***scu***ltore	scia:	la***scia***re (laisser)	schia:	lo ***schia***vo (esclave)
		scio:	li***scio*** (lisse)	schio:	il ri***schio***
		sciu:	***sciu***pare (abîmer)	schiu:	la ***schiu***ma (mousse)

Lisez les mots suivants :

lo sciocco (crétin)	la sciarada	la scultura
la scaloppina (escalope)	lo sciroppo	il cuscino (coussin)
lo scenario (décor)	la scuola	lo scimpanzé
la discesa (descente)	lo scolaro	lo sciampagna

G

G + voyelle

ga:	Porto***ga***llo	ge *(djé)*:	***ge***niale	ghe *(gué)*:	spa***ghe***tti
go:	***Go***ldoni	gi *(dji)*:	a***gi***tare	ghi *(gui)*:	l'In***ghi***lterra
gu:	il ***gu***sto	gia:	il ***Gia***ppone		
		gio:	***Gio***rgio		
		giu:	***Giu***seppe		

G + U + voyelle *(gou-a , gou-é, gou-i, gou-o)*

gua: la lin***gua*** — gue: la ***gue***rra — gui: la ***gui***da — guo: il lan***guo***re

G + L + voyelle

Dans les groupes « GL + A, E, O, U », GL se prononce comme en français :

il ***gla***diatore — l'in***gle***se — la ***glo***ria

Au contraire, GL + I ne se prononce pas comme dans le français *glisser* mais comme le groupe « li » de *million* :

la fami***gli***a — il bi***gli***etto — il fi***gli***o

sauf : ne***gli***gere, ne***gli***gente.

Lisez les mots suivants :

l'Algeria	il giardino	la gente	l'oggetto	grigio (gris)
l'algerino	giocare (jouer)	la geografia	il gorgonzola	il viaggio
leggero	il giornale	la giornata	la margherita	mangiare
il formaggio	la leggenda	il portoghese	il pigiama	la gioia (la joie)
intelligente	il coraggio	il villaggio	il collegio	il gioiello (le bijou)
il sangue	la Linguadoca	il pinguino	guarire	Guglielmo (Guillaume)
il giglio (le lis)	il globo	la ghigliottina	luglio (juillet)	voglio (je veux)

Lisez le présent de l'indicatif des verbes « volere » et « accogliere » (accueillir).

volere: voglio, vuoi, vuole, vogliamo, volete, vogliono
accogliere: accolgo, accogli, accoglie, accogliamo, accogliete, accolgono

Lisez les mots suivants :

Buongiorno, signore (Monsieur).
Buongiorno, signora (Madame).
Buongiorno, signorina (Mademoiselle).
Buona sera, signora.
Buona sera, signorina.
Buona sera, signore.

Q

qua *(cou-a)*: ***qua**ttro*
que *(cou-é)*: ci*nque*
qui *(cou-i)*: l'e***qui**librio*
quo *(cou-o)*: ***quo**tidiano*

Lisez les mots suivants :

quaranta	la quantità	il quintale	l'acqua
quadrato	Pasqua	qui, qua (ici)	l'acquedotto
la qualità	frequente	cinquanta	l'equitazione

Questo:

«Che cos'è questo?» «Questo è un quaderno (cahier).»
«Che cos'è questo?» «Questo è un libro (livre).»
«Questa è la prima lezione.»
«Questa è la registrazione (enregistrement) della lezione.»

LL

Le groupe « LL » n'est jamais « mouillé » comme dans le français *fille* ou *brillant*. Il se prononce comme dans le français *tranquille* ou *ville* :

tranqui***ll***o la tranqui***ll***ità bri***ll***ante il gori***ll***a

Lisez les mots suivants :

la villa Camilla scintillare il grillo (grillon) la camomilla

R

Le « r » est roulé :

la te***rr***a ***R***oma la F***r***ancia l'Eu***r***opa l'autost***r***ada

Lisez les mots suivants :

il mare mediterraneo il romano il grande circo il territorio

Z

La lettre « z » se prononce « ts » ou « dz » :

(ts) la na***z***ione la pi***zz***a *(dz)* me***zz***ogiorno (midi) me***zz***anotte (minuit)

Lisez les mots suivants :

l'organizzazione	il pizzaiolo	la giustizia
la rivoluzione	la zeta	l'occupazione

●●● L'ACCENTO TONICO L'ACCENT TONIQUE

L'accent tonique est la principale difficulté de la langue italienne.
Il se trouve :

1. parfois sur la dernière syllabe (dans ce cas, il est indiqué) :
   la verit***à*** perch***é***? (pourquoi) chicchirich***í*** (cocorico)
   legger***ò*** (je lirai) laggi***ù*** (là-bas) il tiramis***ù*** (gâteau)

2. la plupart du temps sur l'avant-dernière syllabe (on dit que le mot est « piano ») :
   la p***i***zza l'orizz***o***nte l'itali***a***no il franc***e***se

3. assez souvent sur l'antépénultième syllabe (le mot est « sdrucciolo ») :
   l'Am***e***rica l'***A***frica la m***a***cchina (l'auto)

Exercice

O Sole o sole mio...

1 Lisez les phrases suivantes. Ce sont des « scioglilingua », c'est-à-dire des phrases qui permettent de « délier » la langue : Ciò che è è. Ciò che non è non è. Ciò che è non è ciò che non è. Ciò che non è non è ciò che è.

Francesco

Fra le verdi frasche al fresco fischia Francesco.

***Fra:** au-milieu, dans. **Le frasche:** les branchages.*
***Fischia:** siffle.*

Guglielmina

Guglielmina sul tagliere l'aglio taglia. Non tagliare la tovaglia. La tovaglia non è aglio. Se la tagli fai uno sbaglio.

***Tagliere:** planche à hacher. **Aglio:** ail.*
***Tovaglia:** nappe. **Tagliare:** couper.*
***Lo sbaglio:** l'erreur.*

Agli

Se il coniglio gli agli piglia, levagli gli agli e tagliagli gli artigli.

***Il coniglio:** le lapin. **Piglia:** prend.*
***Gli artigli:** les griffes.*

Buonasera

«Buona sera. Buona sera. Ha il Corriere della sera di ieri sera?» «No. Il Corriere della sera di ieri sera non ce l'ho. Ho il Corriere della sera di stasera. Buona sera. Buona sera.»

***Ha il Corriere?** Avez-vous le Corriere ?*
*Le **Corriere della sera** est le principal journal de Milan.*

La biscia

Una biscia striscia su una fascia liscia.
Liscia la biscia striscia e sparisce. Nessuna traccia lascia.

***La biscia:** la couleuvre. **Striscia:** glisse.*
***La fascia:** la bande. **Nessuna:** aucune.*

Ancora

C'è ancora un'ancora ad Ankara.

***Un'ancora:** une ancre (de marine).*
***Ankara** est la capitale de la Turquie.*

2 Lisez la poésie suivante :

S'era assicurato
contro tutto:
contro l'incendio
contro il furto
contro la pioggia
contro la grandine e la siccità
contro tutti gli incidenti
anche contro le corna
contro la maldicenza
l'impotenza e la noia:
ma non s'era assicurato
contro la gioia.
Morí alla notizia
che era premio Nobel
per la letteratura.

Marcello MARCHESI,
Il sadico del villaggio. Rizzoli.

***Il furto:** le vol. **La grandine:** la grêle.*
***La siccità:** la sécheresse.*

3 Filastrocca

Filastrocca impertinente,
chi sta zitto non dice niente,
chi sta fermo non cammina,
chi va lontano non s'avvicina,
chi si siede non sta ritto,
chi va storto non va dritto,
e chi non parte, in verità,
in nessun posto arriverà.

Gianni RODARI,
Filastrocche in cielo e in terra.
Einaudi.

***La filastrocca:** la comptine.*
***Stare zitto:** se taire. **Stare fermo:** être immobile.*
***Andare storto:** aller de travers.*

4 Soulignez l'accent tonique

Alla fiera dell'est
per due soldi
un topolino mio padre comprò.
E venne il gatto
che si mangiò il topo,
che al mercato mio padre comprò.
E venne il cane,
che morse il gatto
che si mangiò il topo
che al mercato mio padre comprò.
Alla fiera dell'est...
E venne il bastone
che picchiò il cane...
Alla fiera dell'est...
E venne il fuoco
che bruciò il bastone...
Alla fiera dell'est...
E venne l'acqua
che spense il fuoco...
Alla fiera dell'est...
E venne il toro
che bevve l'acqua...
Alla fiera dell'est...
e venne il macellaio
che uccise il toro...
Alla fiera dell'est...
E l'Angelo della morte
sul macellaio
che uccise il toro...
Alla fiera dell'est...
E infine il Signore
sull'Angelo della morte
sul macellaio...

Angelo BRANDUARDI, *Alla fiera dell'est*.

La fiera: *la foire.* ***Il topo*** *(il topolino): le rat (la souris).* ***Il gatto:*** *le chat.* ***Picchiò:*** *frappa.* ***Spense:*** *éteignit.* ***Il macellaio:*** *le boucher.* ***L'angelo:*** *l'ange.*

BISOGNA FESTEGGIARE GLI AMICI

◀ *Tiziano*

Michelangelo ▶

Raffaello ▶

Puisque vous connaissez leurs prénoms, n'oubliez pas la fête (l'onomastico*) *de vos amis.*
Soulignez les prénoms des personnes à qui vous n'oublierez pas de dire : «Tanti auguri!» (Tous mes souhaits ! Tous mes voeux !).
Si le prénom d'un (ou d'une) de vos ami(e)s ne se trouve pas dans ces listes, ajoutez-le.

settembre	ottobre	novembre	dicembre	gennaio	febbraio
Michele	Brigida	Umberto	Saverio	Raimondo	Biagio
Matteo	Teresa	Carlo	Nicola (Niccolò)	Luciano	Isabella
Maurizio	Bruno	Silvia	Daniele	Guglielmo	Veronica
Teresa	Laura	Martino	Stefano	Antonio	Gilberto
Alfredo	Luca	Renato	Ruggero	Beatrice	Gerardo
Guglielmo	Celina	Elisabetta	Tommaso	Vincenzo	....
Girolamo	Antonietta	Edmondo	....	Paola	....
....	Sergio	Cecilia	....	Francesco	....
....	....	Andrea	....	....	....
....	....	Caterina	....	....	....

marzo	aprile	maggio	giugno	luglio	agosto
Francesca	Alberto	Cesare	Emilia	Camilla	Lidia
Matilde	Ugo	Giulia	Guido	Cristina	Luigi
Alessandro	Riccardo	Desiderio	Claudio	Enrico	Domenico
Luisa	Giulia	Pasquale	Felice	Lucia	Lorenzo
Salvatore	Roberto	Filippo	Giovanni	Giulietta	Chiara
Emanuele	Giorgio	Emilio	Davide	Margherita	Ippolito
Giuseppe	Marco	Giuditta	Pietro	Maddalena	Maria
....	Valeria	Carolina	Paolo	Marta	Elena
....	Federico	....	....	....	Bernardo
....	....	....	....	....	....

Complétez :

Mio padre si chiama ... Il suo onomastico cade nel mese di ...
Mia madre si chiama ... Il suo onomastico cade nel mese di ...
Mia nonna si chiama ... Il suo onomastico cade nel mese di ...
Mio nonno si chiama ... Il suo onomastico cade nel mese di ...
Mia sorella si chiama ... Il suo onomastico cade nel mese di ...
Mio fratello si chiama ... Il suo onomastico cade nel mese di ...

Domande

Quali nomi femminili preferisci? Quali nomi maschili preferisci?
Chiama i tuoi compagni con il loro nome (in italiano).

Refaire l'exercice précédent sur le modèle :

Il mio compleanno cade (ricorre) nel mese di ...

Leonardo da Vinci. *Autoritratto.*

* Ne pas confondre *l'onomastico* (la fête) et *il compleanno* (l'anniversaire).

GIOCHI. RITROVIAMO I NOMI

Da ciò che le quattro ragazzine dicono (1° disegno), il piccolo Ugo capisce come si chiama ciascuna. Ci riuscite anche voi? (Vedete poi la soluzione pubblicata a pagina 204.)

Le garçon : *il ragazzo.* ***La fille :*** *la ragazza.* ***Le numéro (1, 2, 3, 4) :*** *il numero (uno, due, tre, quattro).* ***Però:*** *pourtant.* ***Ora:*** *maintenant.*

I SEI UOMINI

Osservando i sei uomini in alto disposti l'uno a fianco dell'altro e considerando quanto viene detto nel fumetto, sapreste determinare quale di essi è Ciro? (Vedete poi la soluzione pubblicata a pagina 204.)

L'uomo: *l'homme.*
Gli uomini: *les hommes.*
A fianco dell'altro: *côte à côte.*
Il fumetto: *le dessin humoristique.*
A destra: *à droite.*
A sinistra: *à gauche.*
In mezzo: *au milieu.*
Accanto a: *a côté de.*
Grasso: *gros.*
Magro: *maigre.*
Calvo: *chauve.*

SITUAZIONE

Immaginate un dialogo.

UNITÀ 2

DÀI, PARLIAMO ITALIANO

La scena si svolge a Roma in Piazza della Rotonda. Un ragazzo, Francesco, e una ragazza, Maria, sono seduti all'aperto, ai tavolini di un caffè.

Francesco	Per favore, posso prendere il giornale?
Maria	Certo. Eccolo.
Francesco	Grazie. Ma, è un giornale francese! Perché leggi un giornale francese? Non sei italiana?
Maria	Sí, sono italiana. Sono di Milano. Ma, durante le vacanze, leggo un giornale o una rivista francese perché studio questa lingua a scuola. Studio anche un po' lo spagnolo con un'amica. E tu, che lingue parli? Parli francese anche tu?
Francesco	No, io non parlo francese, sono più bravo in inglese. Ma non compro i giornali inglesi o americani. Per imparare l'inglese è meglio ascoltare le canzoni inglesi o americane. Quand'è possibile, parlo anche con i turisti e le turiste che incontro.
Maria	Tu non sei un turista americano e io non sono una turista americana. Siamo italiani, no? Dài, parliamo italiano. D'accordo?

DOMANDE

1. Dove si svolge la scena? Come si chiama la piazza? Dove sono seduti il ragazzo e la ragazza? Che cosa vuole prendere Francesco? È un giornale italiano? È francese Maria? Dove abita? Perché Maria legge un giornale francese? Dove studia il francese? Quando legge un giornale francese? Quale lingua studia con un'amica? Anche Francesco è bravo in francese? Quale lingua impara a scuola? Per studiare l'inglese compra i giornali inglesi o americani? Come impara l'inglese? Che canzoni ascolta? Con chi parla per imparare l'inglese? Quando parla con i turisti? Dove incontra i turisti? In che lingua parlano Maria e Francesco? Perché?

2. Sei francese? Sei italiano(a)? Sei inglese? Sei americano(a)? Sei spagnolo (a)? Siamo a Roma? Maria è di Milano. Tu, di dove sei? Quali lingue studi? Sei bravo(a) in inglese? In quale lingua sei più bravo(a)? Leggi i giornali italiani, inglesi o americani? Sei un(a) turista?

Per conversare

Si vous voulez bientôt parler italien, commencez par donner des réponses simples à des questions simples et utiles.

LA SITUATION DANS L'ESPACE : *OÙ ? D'OÙ ?*

Dove si svolge la scena?	(La scena) **si svolge** a Roma.
Dove siamo?	**Siamo a** Roma.
Dove sono i personaggi?	Sono seduti **all'aperto**, **ai** tavolini di un caffè.
Dov'è (dove si trova) il caffè?	(Il caffè) **si trova in piazza** della Rotonda.
Di dov'è Maria?	(Maria) è **di** Milano.

L'IDENTITÉ DES PERSONNAGES : *QUI EST... ? COMMENT S'APPELLE... ? EST-CE QUE... ?*

Chi è Francesco?	(Francesco) **è** un ragazzo italiano.
Chi è Maria?	(Maria) **è** una ragazza italiana.
Come si chiama il ragazzo?	(Il ragazzo) **si chiama** Francesco.
Come si chiama la ragazza?	(La ragazza) **si chiama** Maria.
Come si chiamano i personaggi?	**Si chiamano** Maria e Francesco.
È milanese Maria?	**Sí,** (Maria) **è** milanese.
È francese Francesco?	**No,** (Francesco) **non è** francese, è italiano.

LA DESCRIPTION DE L'ACTION : *QUE FAIT... ? QUE FONT... ?*

Che cosa fa Maria?	(Maria) **legge** un giornale o una rivista.
	(Maria) **studia** il francese a scuola.
	(Maria) **studia anche** lo spagnolo con un'amica.
Che cosa fa Francesco?	(Francesco) **studia** l'inglese.
	Ascolta anche le canzoni inglesi o americane.
	Parla con i turisti e le turiste.
Che cosa fanno i personaggi?	**Sono seduti** ai tavolini di un caffè.
	Parlano del metodo migliore per imparare le lingue straniere.

POUR POSER DES QUESTIONS OU Y RÉPONDRE : *POURQUOI ? PARCE QUE. QUEL(S) ? QUELLE(S) ?*

Perché?... Perché...	**Perché** leggi un giornale francese?
	Perché studio il francese.
Che (quale) lingua studi?	Studio l'italiano.
Che (quali) canzoni ascolti?	Ascolto le canzoni americane.

GRAMMAIRE

1 Le nom

Les noms italiens le plus fréquemment employés se terminent par :

	masculin		féminin	
o	ragazz**o**	italian**o**	ragazz**a**	italian**a**
e	frances**e**	ingles**e**	frances**e**	ingles**e**
a	turist**a**		turist**a**	

O ▶ A
E ▶ E
A ▶ A

2 L'adjectif

Les adjectifs italiens le plus fréquemment employés se terminent par :

	masculin		féminin	
o	italian**o**	american**o**	italian**a**	american**a**
e	frances**e**	ingles**e**	frances**e**	ingles**e**

O ▶ A
E ▶ E

Mettez au féminin les noms et adjectifs suivants qui sont au masculin :

ragazzo italiano
turista italiano
ragazzo inglese

ragazzo francese
turista inglese
turista francese

amico spagnolo
amico bravo in inglese
ragazzo belga seduto all'aperto

3 L'article

▶ L'article indéfini

masculin	féminin
un ragazzo	**una** ragazza
un giornale	**una** canzone
un turista	**una** turista
un americano	**un'** americana
un italiano	**un'** italiana
uno spagnolo	**una** spagnola

masculin
un devant consonne ou voyelle
uno devant S + consonne ou Z

féminin
una devant consonne
un' devant voyelle

Mettez l'article indéfini devant les noms suivants :

... piazza
... caffè
... americano
... amica

... ragazzo
... nome
... americana
... spagnolo

... ragazza
... cognome
... turista americana
... scena

... giornale
... tavolino
... turista americano
... scuola

... lingua
... canzone
... rivista
... libro

▶ L'article défini singulier

masculin	féminin
il ragazzo	la ragazza
il giornale	la canzone
il turista	la turista
l'italiano	l'italiana
l'inglese	l'inglese
lo spagnolo	la spagnola

masculin
l' devant voyelle
il devant consonne
mais
lo devant S + consonne ou Z

féminin
la devant consonne
l' devant voyelle

Mettez l'article défini à la place des pointillés :

... lingua	... ragazza	... turista italiano	... tavolino all'aperto
... spagnolo	... italiana	... giornale inglese	... caffè all'aperto
... caffè	... giornale	... turista italiana	... sport violento
... piazza	... italiano	... inglese	... spagnolo
... ragazzo	... canzone	... rivista inglese	... scuola inglese

4 Pluriel des noms et adjectifs

masculin

ragazz**o** italian**o** → ragazz**i** italian**i**
giornal**e** ingles**e** → giornal**i** ingles**i**
turist**a** spagnol**o** → turist**i** spagnol**i**
turist**a** frances**e** → turist**i** frances**i**

féminin

ragazz**a** italian**a** → ragazz**e** italian**e**
canzon**e** ingles**e** → canzon**i** ingles**i**
turist**a** spagnol**a** → turist**e** spagnol**e**
turist**a** frances**e** → turist**e** frances**i**

masculin

O → I
E → I
A → I

féminin

A → E
E → I

N.B. : caffè est invariable (accentué sur la dernière syllabe) :
caffè romano → caffè romani

Mettez au pluriel les noms et adjectifs masculins suivants :

ragazzo romano	giornale americano	turista italiano
ragazzo italiano	giornale francese	turista francese
ragazzo milanese	caffè milanese	caffè italiano

Mettez au pluriel les noms et adjectifs féminins suivants :

scena italiana	scuola italiana	ragazza italiana
ragazza romana	piazza romana	turista italiana
rivista spagnola	ragazza milanese	turista francese
canzone inglese	canzone italiana	ragazza francese

5 Pluriel des articles définis

masculin			féminin		
il ragazzo	→	**i** ragazzi	**la** ragazza	→	**le** ragazze
l'italiano	→	**gli i**taliani	**l'i**taliana	→	**le** italiane
lo spagnolo	→	**gli** spagnoli	**la** spagnola	→	**le** spagnole

masculin		féminin	
il	i	la, l'	le
l', lo	gli		

Employez les articles définis devant les noms des exercices du § 4, d'abord au singulier puis au pluriel.

6 Conjugaisons

▶ Présent de l'indicatif

Rappel (p. 7) : *mi chiamo, ti chiami, si chiama, ci chiamiamo, vi chiamate, si chiamano.*

essere	parl-are	studiare	prend-ere	leggere	potere
sono	parl-o	studio	prend-o	leggo	**posso**
sei	parl-i	studi	prend-i	leggi	**puoi**
è	parl-**a**	studia	prend-**e**	legge	**può**
siamo	parl-iamo	studiamo	prend-iamo	leggiamo	**possiamo**
siete	parl-ate	studiate	prend-ete	leggete	potete
sono	parl-**a**no	studiano	prend-**o**no	leggono	**possono**

Traduire :

Essere

« Es-tu italien ? » « Oui, je suis italien. »
« Est-ce que vous êtes français ? » « Bien sûr, nous sommes français. Pourquoi ? »
« Marie est-elle milanaise ? » « Oui, Marie est milanaise et François est romain. »
« Est-ce que Marie et François sont italiens ? » « Oui, ils sont italiens. »

Potere

« Peux-tu lire cette revue anglaise ? » « Non, je ne peux pas lire cette revue. »
« Est-ce que Marie peut acheter une revue américaine à Rome ? » « Bien sûr. »
« Pouvons-nous acheter un journal français ? » « Non, mais vous pouvez acheter une revue. »
« François et Marie peuvent apprendre l'espagnol avec une amie. »

Verbes se terminant par « -are »

« Parles-tu anglais ? » « Oui, je parle anglais et américain. »
« François achète-t-il un journal français ? » « Non, il écoute les chansons anglaises. »
« A l'école, apprenez-vous l'italien ? » « Non, nous étudions l'espagnol. »
« Les touristes américains ne parlent pas français. »

Verbes se terminant par « -ere »

« Lis-tu une revue anglaise ? » « Non, je lis un journal français. »
« Marie lit un journal de Milan et François un journal de Rome. »
« Lisez-vous un journal italien ? » « Non, nous lisons une revue américaine. »
« Bien sûr, les touristes italiens lisent les journaux italiens, et les Français, les journaux français. »

I COLORI

Ogni paese ha una bandiera che lo caratterizza.

l'Italia

La bandiera italiana
è bianca, rossa e verde.

un italiano
un'italiana

la Francia

La bandiera francese ha tre colori:
il rosso, il bianco e l'azzurro.

un francese
una francese

La Grecia

Bianca e azzurra,
la bandiera ha una croce
in alto a sinistra.

un greco
una greca

la Gran Bretagna

Su sfondo azzurro s'incrociano
quattro strisce rosse.

un inglese
un'inglese

la Spagna

C'è una striscia gialla
tra due strisce rosse.

uno spagnolo
una spagnola

La Svizzera

Anche la bandiera svizzera ha
una croce nel mezzo.

uno svizzero
una svizzera

Il Giappone

La bandiera giappo-
nese è bianca con
un disco rosso al
centro.

un giapponese
una giapponese

Gli Stati Uniti

In alto a sinistra,
sulla bandiera
statunitense
ci sono 50 stelle.

un americano
un'americana

Il Belgio

Anche la bandiera
belga utilizza
il nero e il giallo.

un belga
una belga

La Germania

Ci sono tre strisce
orizzontali:
una nera, una rossa e
una gialla.

un tedesco
una tedesca

L'Unione Europea

Il colore della bandiera è l'azzurro.
Le dodici stelle sono gialle.

un europeo
un'europea

L'Italia fa parte dell'Unione Europea.
Fa anche parte del gruppo dei sette paesi più industrializzati del mondo con gli Stati Uniti, il Giappone, la Germania, la Francia, la Gran Bretagna e il Canada. Questo gruppo è chiamato il G 7.

Domande

Quali sono i colori della bandiera italiana? Quali sono i colori della bandiera francese? Quali sono i colori più utilizzati per le bandiere? Quali bandiere hanno delle strisce orizzontali? Quali bandiere hanno delle strisce verticali? Quali bandiere hanno delle stelle? Sulla bandiera spagnola dove si trova la striscia gialla? Quali bandiere hanno una croce? Che cosa c'è sulla bandiera giapponese? Quali sono i paesi più industrializzati del mondo?

I COLORI

I colori dell'arcobaleno sono il viola, l'indaco (una sorta di azzurro), l'azzurro, il verde, il giallo, l'arancione e il rosso.

Il color viola si ottiene mescolando il rosso e l'azzurro.
Il color arancione si ottiene mescolando il rosso e il giallo.
Mescolando il bianco e un po' di nero si ottiene il grigio.
Se si mette un po' di rosso nel bianco si ottiene il rosa.
Se si mescolano il giallo e l'azzurro si ottiene il verde.
Se si mescolano il verde e il rosso si ottiene il marrone.

Domande

Quali sono i sette colori dell'arcobaleno?
Come si ottiene il colore arancione?
Come si ottiene il grigio?
Quale colore si mette nel bianco per ottenere il colore rosa?
Come si ottiene il verde?
Come si ottiene il colore marrone?

Quali sono i colori degli anelli olimpici?

Ogni disegno rappresenta la maglia di una squadra italiana di calcio.

L'Inter (Milano).

Il Milan (Milano).

La Roma (Roma).

La Juventus (Torino).

Il Torino (Torino).

La Fiorentina (Firenze).

Domande

Descrivete gli stemmini delle squadre di calcio di Milano, Torino, Firenze.

Quali sono i colori della squadra di calcio della vostra città? Quali sono i colori della vostra regione? Quali sono i colori della vostra città?

I colori dei mestieri

Io so i colori dei mestieri:
sono bianchi i panettieri,
s' alzano prima degli uccelli
e hanno la farina nei capelli;
sono neri gli spazzacamini,
di sette colori sono gli imbianchini;
gli operai dell'officina
hanno una tuta azzurrina,
hanno le mani sporche di grasso:
i fannulloni vanno a spasso,
non si sporcano nemmeno un dito,
ma il loro mestiere non è pulito.

Gianni Rodari,
Filastrocche in cielo e in terra, Einaudi.

il panettiere: *la persona che fa il pane.* ***L'uccello:*** *l'oiseau.* ***Lo spazzacamino:*** *le ramoneur.* ***L'imbianchino:*** *le peintre en bâtiment.* ***L'officina:*** *l'atelier, l'usine.* ***La tuta:*** *le bleu de travail, la salopette.* ***Il fannullone:*** *le paresseux.* ***Andare a spasso:*** *se promener.*

Un maestro del colore: Michelangelo Buonarroti (1475-1564).
La Sibilla di Delfi *(cappella Sistina, Roma).*

Domande

Quali sono i colori «dei mestieri» citati da Gianni Rodari? Perché gli imbianchini, secondo lui, hanno «sette colori»?

Quali sono i colori usati da Michelangelo nell'affresco della cappella Sistina?

LA LEZIONE D'ITALIANO

Per insegnare l'italiano il professore o la professoressa utilizza un libro, la lavagna, il registratore e il televisore se ha delle videocassette di film o di pubblicità.
Per imparare bene questa lingua, gli scolari utilizzano il libro, il quaderno, le cassette, leggono giornali italiani, incontrano amici italiani o scrivono ai loro corrispondenti.
L'insegnante parla italiano agli studenti

Per invitare un alunno a	dice	Quando parla a tutti gli alunni dice
entrare	entra	entrate
	avanti!	avanti!
uscire	esci	uscite
alzarsi	alzati	alzatevi
	in piedi!	in piedi!
sedersi	siediti	sedetevi
	seduto(a)!	seduti(e)!
aprire	apri	aprite
chiudere	chiudi	chiudete
ascoltare	ascolta	ascoltate
guardare	guarda	guardate
parlare	parla	parlate
cercare la soluzione	cerca...	cercate...
spiegare qualcosa	spiega	spiegate
ripetere	ripeti	ripetete
rispondere	rispondi	rispondete
scrivere	scrivi	scrivete
prendere appunti	prendi...	prendete...
scegliere	scegli	scegliete
venire alla lavagna	vieni	venite
andare a prendere...	va a prendere...	andate a prendere...
tacere	taci	tacete
	zitto *(a un ragazzo)*	zitti *(ai ragazzi)*
	zitta *(a una ragazza)*	zitte *(alle ragazze)*
Stare attento(a)	sta attento(a)!	state attenti(e)!
avere pazienza	abbi pazienza	abbiate pazienza
essere gentile	sii gentile	siate gentili
dare...	da'...	date...
dire...	di'...	dite...
Quando è soddisfatto dice	bravo(a)!	bravi(e)!

Gioco: Tu sei il professore (la professoressa) puoi dare degli ordini ai compagni.